Impressum
Verlag: BABADADA GmbH, Nedderfeld 112 , 22529 Hamburg
Geschäftsführer / Verlagsleitung: Harald Hof
Druck: Books on Demand GmbH, In de Tarpen 42, 22848 Norderstedt

Imprint
Publisher: BABADADA GmbH, Nedderfeld 112 , 22529 Hamburg, Germany
Managing Director / Publishing direction: Harald Hof
Print: Books on Demand GmbH, In de Tarpen 42, 22848 Norderstedt, Germany

ishuri

школа

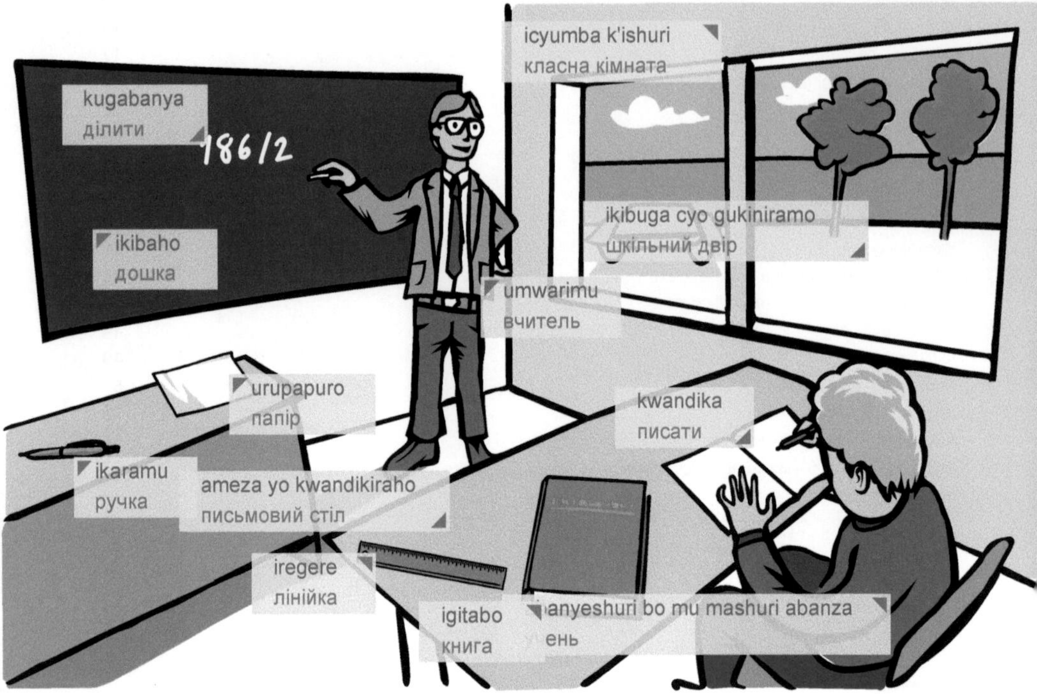

icyumba k'ishuri
класна кімната
kugabanya
ділити
186/2
ikibuga cyo gukiniramo
шкільний двір
ikibaho
дошка
umwarimu
вчитель
urupapuro
папір
kwandika
писати
ikaramu
ручка
ameza yo kwandikiraho
письмовий стіл
iregere
лінійка
igitabo
книга
anyeshuri bo mu mashuri abanza
ень

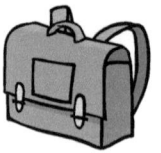

agahago k'ishuri

ранець

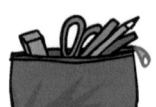

agasanduku k'amakaramu y'igiti

пенал

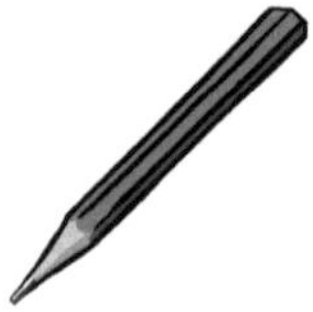

ikaramu y'igiti

олівець

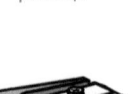

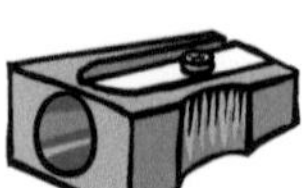

tayekereyo

точило

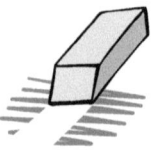

igome

гумка

ikayi yo gushushanya

альбом для малювання

igishushanyo

малюнок

uburoso bwo gusigisha

пензель

agasanduku k'amarangi y'amabara

коробка фарб

umukasi

ножиці

kore

клей

ikayi y'imyitozo

зошит

umukoro w'imuhira

домашнє завдання

umubare

число

guteranya

додавати

gukuramo

віднімати

gukuba

множити

kubara

рахувати

ibaruwa

літера

inyuguti uko zikurikirana

абетка

ijambo

слово

umwandiko

текст

gusoma

читати

ingwa

крейда

isomo

година

igitabo cyo
kwiyandikishamo

класний журнал

ikizami

екзамен

impamyabumenyi

диплом

umwambaro w'ishuri

шкільна форма

uburezi

освіта

inkoranyamagambo

лексикон

kaminuza

університет

mikorosikope

мікроскоп

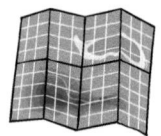

ikarita

карта

pubere

кошик для паперу

urugendo

подорож

hoteli
готель
Grand
inzu y'amacumbi
турбаза
ROOMS
EXCHANGE
ku muvunjayi
обмінний пункт
ivarisi
валіза
imodoka
автомобіль

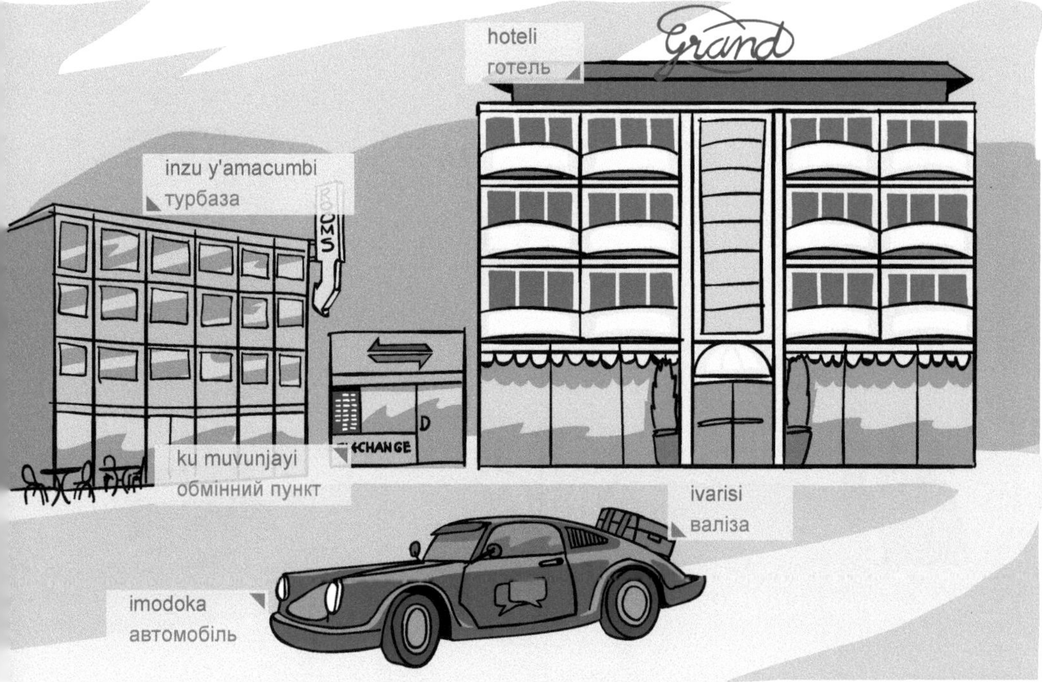

ururimi

мова

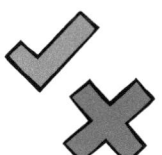

yego / oya

так / ні

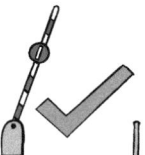

Yego

добре

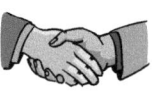

bite

привіт

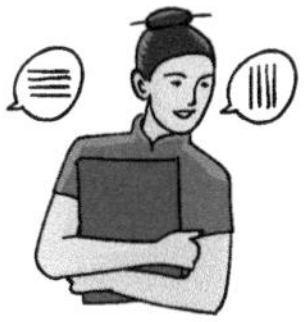

umusemuzi

перекладач

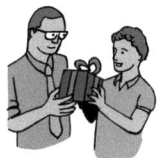

Murakoze

дякую

ni angahe…?

Скільки коштує …?

Sinsobanukiwe

Я не розумію

ikibazo

проблема

wiriwe!

Добрий вечір!

Waramutse

Доброго ранку!

Ijoro ryiza

На добраніч!

bayi

До побачення

ikerekezo

напрямок

imizigo

багаж

igikapo

сумка

igikapo baheka

рюкзак

umushyitsi

гість

icyumba

кімната

agafuko baryamamo

спальний мішок

ihema

намет

amakuru y'ahasurwa na ba mukerarugendo

туристична інформація

ku musenyi wo ku mazi

пляж

ikarita ya banki

кредитна картка

ifunguro ryo gusamura

сніданок

ifunguro rya ku manywa

обід

ifunguro rya nimugoroba

вечеря

ıtike

квиток

asanseri

ліфт

itembure

поштова марка

umupaka

межа

gasutamo

митниця

ambasade

посольство

viza

віза

pasiporo

паспорт

gutwara abantu n'ibintu

транспорт

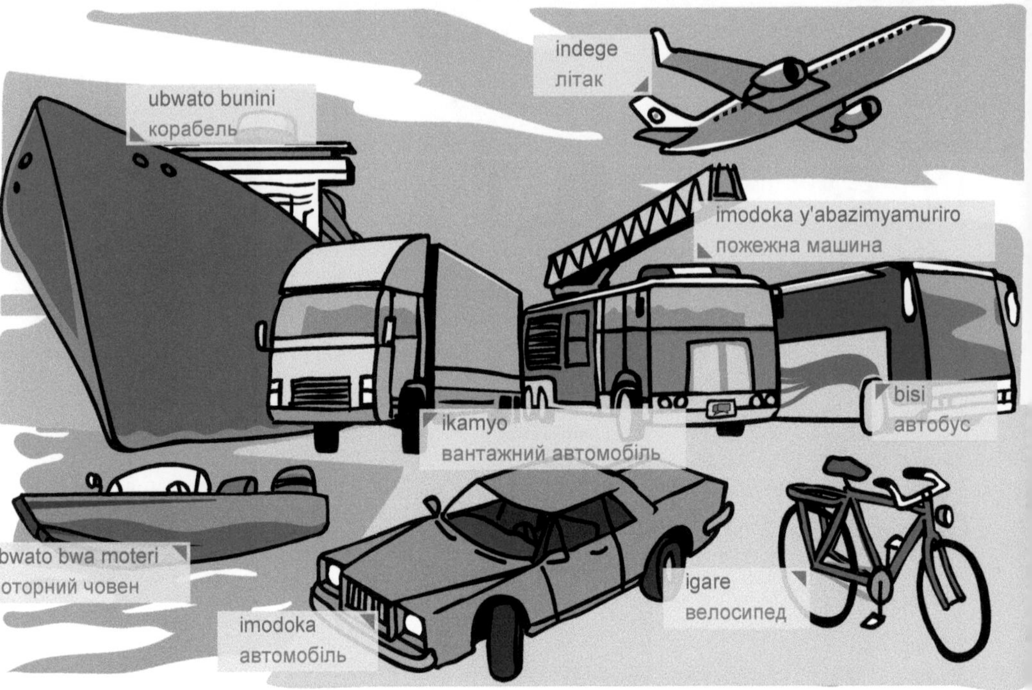

indege
літак
ubwato bunini
корабель
imodoka y'abazimyamuriro
пожежна машина
bisi
автобус
ikamyo
вантажний автомобіль
ubwato bwa moteri
моторний човен
igare
велосипед
imodoka
автомобіль

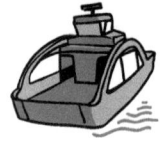

ubwato bwambutsa imizigo n'abantu

пором

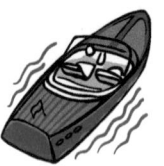

ubwato

човен

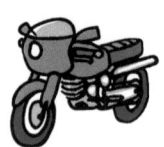

ipikipiki

мотоцикл

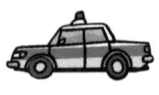

imodoka ya polisi

поліцейська машина

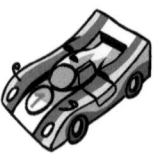

imodoka ya kuruse

гоночний автомобіль

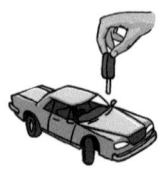

imodoka ikodeshwa

автомобіль на прокат

gusangira imodoka

спільне користування авто

imodoka iterura izindi

евакуатор

imodoka iyora imyanda

сміттєвоз

moteri

двигун

lisansi

паливо

sitasiyo ya lisansi

автозаправна станція

icyapa kiyobora imodoka

дорожній знак

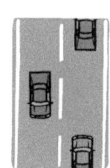

urujya n'uruza rw'imodoka

рух

ambuteyaje

затор

parikingi y'imodoka

стоянка

gare ya gariyamoshi

вокзал

inzira ya gariyamoshi

рейки

gariyamoshi

потяг

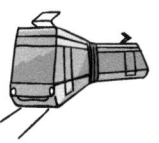

bisi ikoresha
amashanyarazi

трамвай

agatete k'imizigo gakururwa
n'imodoka

вагон

kajugujugu

гелікоптер

ikibuga k'indege

аеропорт

umunara

вежа

umugenzi

пасажир

konteneri

контейнер

ikarito

коробка

akagorofani ko mu iduka

візок

agaseke

кошик

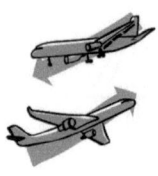

kuguruka / kururuka

стартувати / приземлятися

umugi

місто

umudugudu

село

mu mujyi rwagati

центр міста

inzu

дім

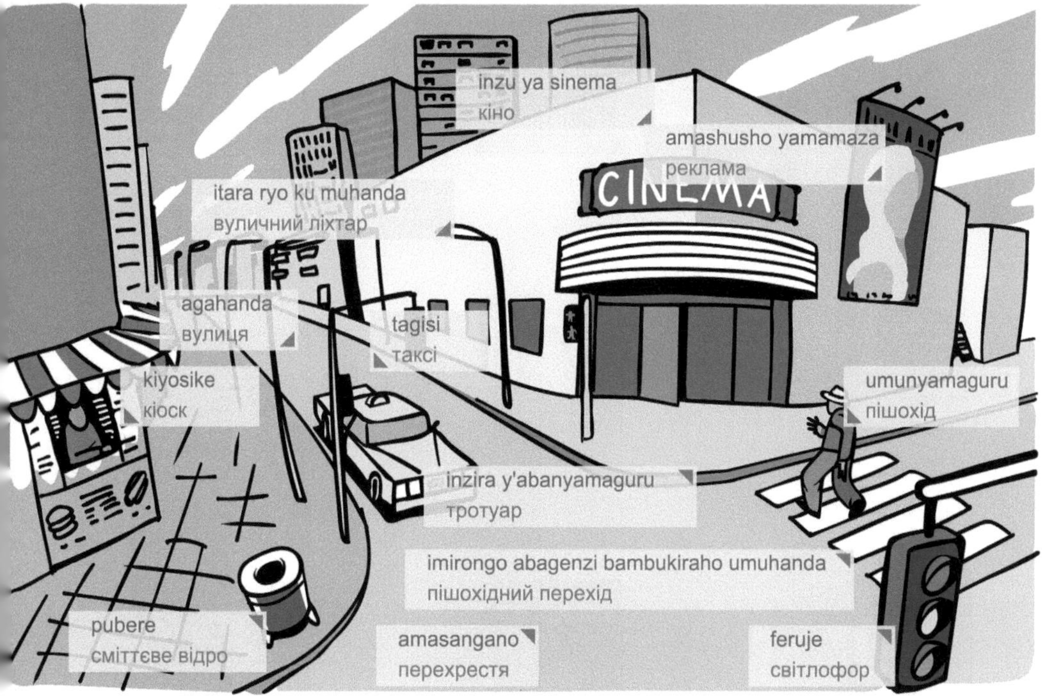
inzu ya sinema
кіно
amashusho yamamaza
реклама
CINEMA
itara ryo ku muhanda
вуличний ліхтар
agahanda
вулиця
tagisi
таксі
kiyosike
кіоск
umunyamaguru
пішохід
inzira y'abanyamaguru
тротуар
imirongo abagenzi bambukiraho umuhanda
пішохідний перехід
pubere
сміттєве відро
amasangano
перехрестя
feruje
світлофор

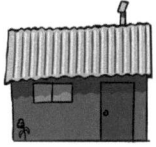

akaruri

хатина

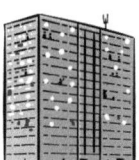

inzu ifatanye n'izindi

квартира

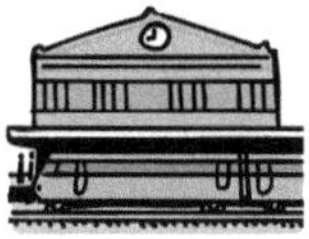

gare ya gariyamoshi

вокзал

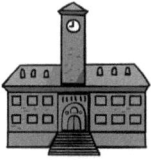

ibiro bya meya

ратуша

MUSEUM

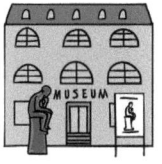

inzu ndangamurage

музей

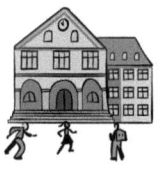

ishuri

школа

kaminuza

університет

banki

банк

ibitaro

лікарня

hoteli

готель

farumasi

аптека

ibiro

офіс

inzu bagurishirizamo ibitabo

книжковий магазин

iduka

магазин

umucuruzi w'indabo

квітковий магазин

amangazini manini

супермаркет

isoko

ринок

idepo

універмаг

umucuruzi w'amafi

торговець рибою

iduka rinini

торговельний центр

icyambu

гавань

parike

парк

intebe y'urubaho

лава

iteme

міст

amadarajya

сходи

inzira yo munsi y'ubutaka

метро

umuhanda wo munsi y'ubutaka

тунель

icyapa cya bisi

автобусна зупинка

bare

бар

resitora

ресторан

agasanduku k'amabaruwa

поштова скринька

icyapa cyo ku muhanda

вулична табличка

mubazi ya parikingi

лічильник паркування

zoo

зоопарк

pisine

басейн

umusigiti

мечеть

ifamu

ферма

kwangiza umwuka

забруднення
навколишнього
середовища

irimbi

кладовище

ikiriziya

церква

ikibuga k'imikino

дитячий майданчик

urusengero

храм

umurambi

ландшафт

ikibabi
листок

icyapa kiyobora
вказівний стовп

inzira
шлях

umukenke
луг

umuntu utembera mu misozi
мандрівник

ibuye
камінь

igiti
дерево

umugezi
річка

ibyatsi
трава

indabo
квітка

ikibaya

долина

agasozi

гора

ikiyaga

озеро

ishyamba

ліс

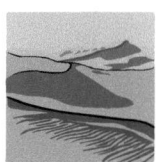

ubutayu

пустеля

ikirunga

вулкан

ingoro

замок

umukororombya

веселка

icyobo

гриб

ikigazi

пальма

umubu

комар

isazi

муха

intozi

мурашка

uruyuki

бджола

igitagangurirwa

павук

ikivumvuri

жук

igikeri

жаба

inkima

вивірка

imbuni

їжак

urukwavu

заєць

igihunyira

сова

inyoni

птах

igishuhe

лебідь

isatura

кабан

ingeragere

олень

impongo

лось

urugomero

гребля

igipanga kikaraga kikazana
umuyaga

вітряк

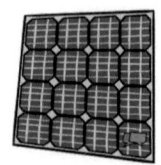

urubaho rukurura imirasire

сонячний модуль

ikirere

клімат

resitora
ресторан

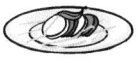

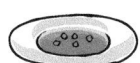

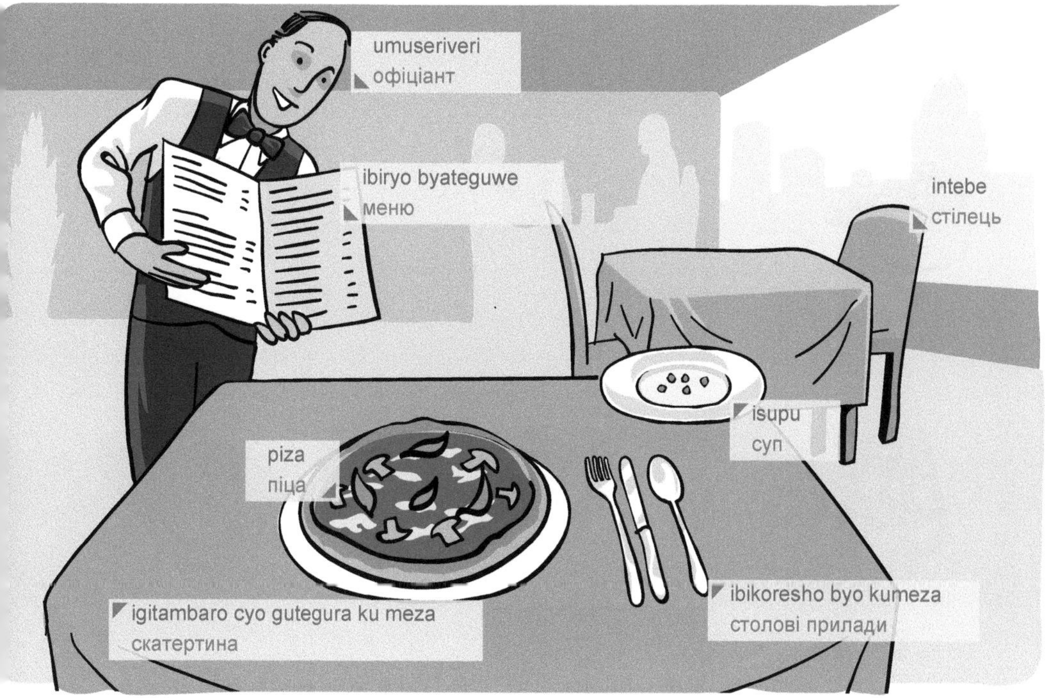
umuseriveri
офіціант
ibiryo byateguwe
меню
intebe
стілець
isupu
суп
piza
піца
igitambaro cyo gutegura ku meza
скатертина
ibikoresho byo kumeza
столові прилади

aperitifu
закуска

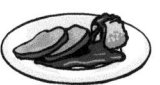

isahani nkuru
друга страва

deseri
десерт

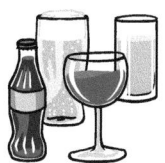

ibinyobwa
напої

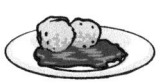

ibiribwa
їжа

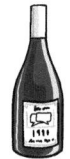

icupa
пляшка

ibiryo barya bagenda

фаст-фуд

ibiryo byo kumuhanda

вулична їжа

ibirika y'icyayi

чайник

agakombe k'isukari

цукорниця

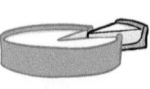

isahani y'ibiryo

порція

imashini y'ikawa ya esipereso

еспресо-машина

intebe ndende

високий стільчик

inyemezabuguzi

рахунок

ipurato

піднос

icyuma

ніж

ikanya

вилка

ikiyiko

ложка

akayiko k'icyayi

чайна ложка

seriviyete

серветка

ikirahure cyo kunywesha

склянка

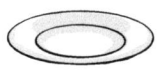

isahani

тарілка

isahani y'isupu

тарілка для супу

agasutasi

блюдце

isosi

соус

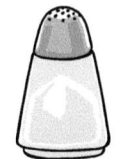

agacupa k'umunyu

солонка

agasekuru k'urusenda

млин для перцю

vinegere

оцет

amavuta

масло

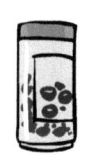

ibirunge

спеції

kecapu

кетчуп

mutaride

гірчиця

mayonezi

майонез

amangazini manini

супермаркет

igiciro kidasanzwe
пропозиція
FOR
umukiriya
клієнт
ibiva mu mata
молочні продукти
imbuto
фрукти
akagorofani ko mu iduka
візок для покупок

BUTCHERS

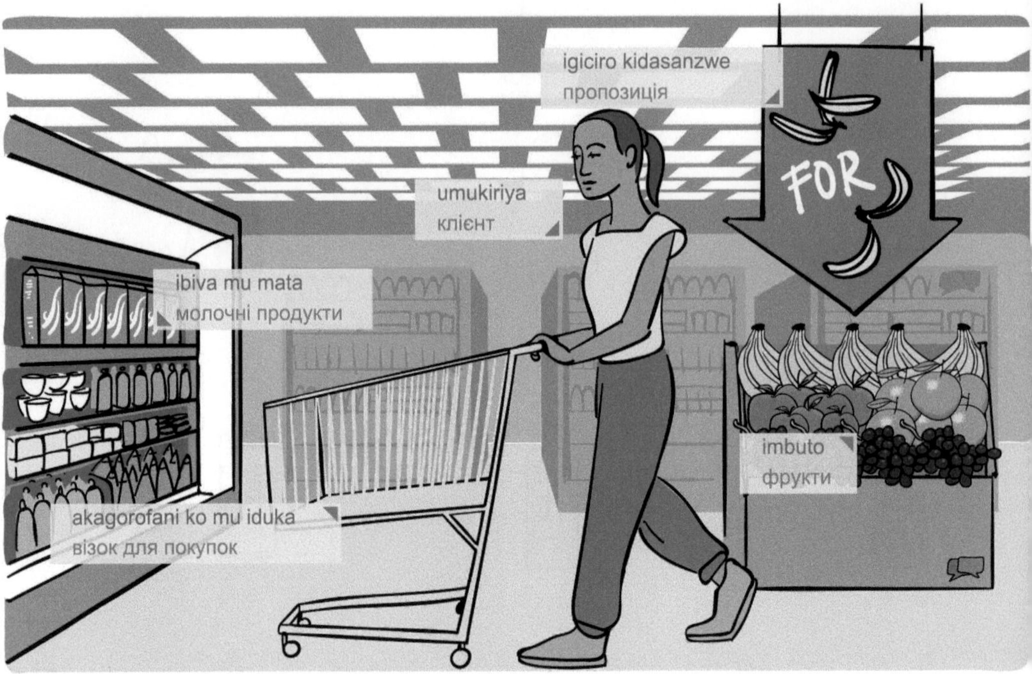

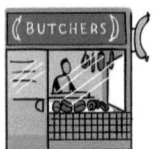

busheri

м'ясний магазин

BAKERY

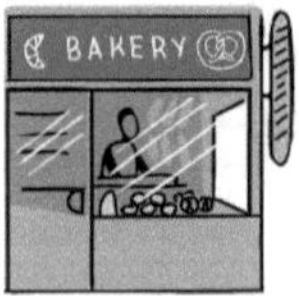

buranjeri

пекарня

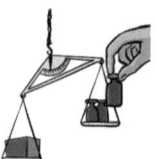

gupima ibiro

зважувати

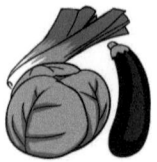

imboga

овочі

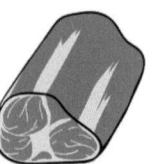

inyama

м'ясо

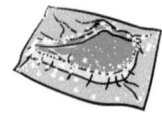

ibiryo bakonjesheje

заморожені продукти

inyama zikonje

ковбасна нарізка

ibiryo byo mu makopo

консерви

isabune y'ifu

пральний порошок

bombo

солодощи

ibikoresho byo mu rugo

предмети домашнього побуту

imiti isukura

мийний засіб

umucuruzikazi

продавщиця

kukesa

каса

umubitsi

касир

urutonde rwo guhaha

список покупок

amasaha haba hafunguye

часи роботи

ipotomoni

гаманець

ikarita ya banki

кредитна картка

umufuka

сумка

imifuko ya pulasitike

поліетиленовий пакет

amazi

вода

umutobe

сік

amata

молоко

koka

кола

divayi

вино

byeri

пиво

inzoga

алкоголь

shokora ishyushye

какао

icyayi

чай

ikawa

кава

ikawa ya esipereso

еспресо

kapucino

капучіно

umuneke

банан

pome

яблуко

icunga

апельсин

wotameloni

кавун

indimu

лимон

karoti

морква

tungurusumu

часник

umugano

бамбук

urutunguru

цибуля

icyoba

гриб

ubunyobwa

горішки

amakaroni

локшина

spageti

спагеті

umuceri

рис

salade

салат

udufiriti

картопля фрі

ibirayi by'ifiriti

смажена картопля

piza

піца

hamburugeri

гамбургер

sanduwici

бутерброд

escalope

шніцель

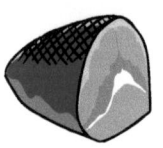

jambo

шинка

salami

салямі

sosiso

ковбаса

inkoko

курка

kotsa

печеня

ifi

риба

igikoma cy'uburo

вівсяні пластівці

pisitashi

мюслі

impeke

кукурудзяні пластівці

ifu

борошно

kuruwasa

круасан

amandazi

булочка

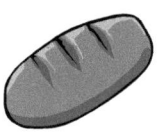

umugati

хліб

umugati wumishijwe

тостовий хліб

ibisuguti

печиво

amavuta

масло

forumaje year

сир

keke

пиріг

igi

яйце

umureti

яєчня

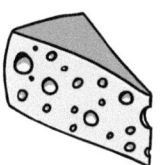

forumaje

сир

ayisikirimu

морозиво

isukari

цукор

ubuki

мед

konfitire

мармелад

shokora

нуга-крем

kiri

карі

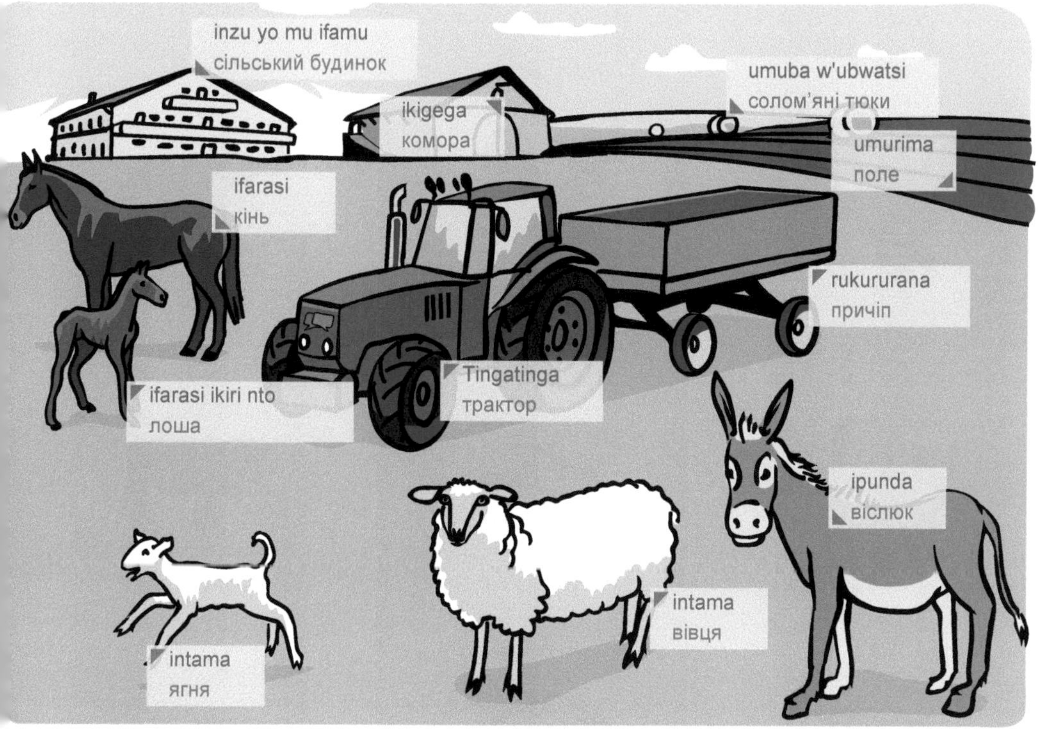

inzu yo mu ifamu
сільський будинок

ikigega
комора

umuba w'ubwatsi
солом'яні тюки

umurima
поле

ifarasi
кінь

rukururana
причіп

ifarasi ikiri nto
лоша

Tingatinga
трактор

ipunda
віслюк

intama
вівця

intama
ягня

ihene

коза

inka

корова

umutavu

теля

ingurube

свиня

ikibwana k'ingurube

порося

ikimasa

бик

igishuhe

гусак

imbata

качка

umushwi

курча

inkokokazi

курка

isake

півень

imbeba

щур

injangwe

кіт

imbeba

миша

ikimasa

віл

imbwa

собака

ikiruka

собача будка

itiyo ijyana mu karima

садовий шланг

arozuwari

лійка

najuru

коса

imashini ihinga

плуг

najuru

серп

isuka

мотика

rato

вила

ishoka

сокира

ingorofani

тачка

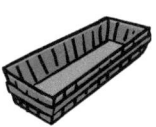

ikibumbiro

корито

inkongoro

бідон молока

igunira

мішок

urugo

паркан

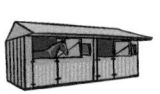

ikiraro

хлів

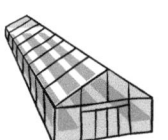

inzu ihingwamo

теплиця

ubutaka

ґрунт

imbuto zo gutera

насіння

ifumbire

добриво

imashini isarura

комбайн

gusarura

пожинати

umusaruro

урожай

ibikoro

корінь ямсу

ingano

пшениця

soya

соя

ikirayi

картопля

ikigori

кукурудза

umwayi weze

ріпак

igiti k'imbuto

плодове дерево

umwumbati

маніок

impeke

злаки

shemine
димохід

igisenge
дах

umureko
водостічний лоток

idirishya
вікно

igaraji
гараж

inzogera yo ku muryango
дзвінок

umuryango
двері

pubere
відро для сміття

agasanduku k'amabaruwa
поштова скринька

ubusitani
сад

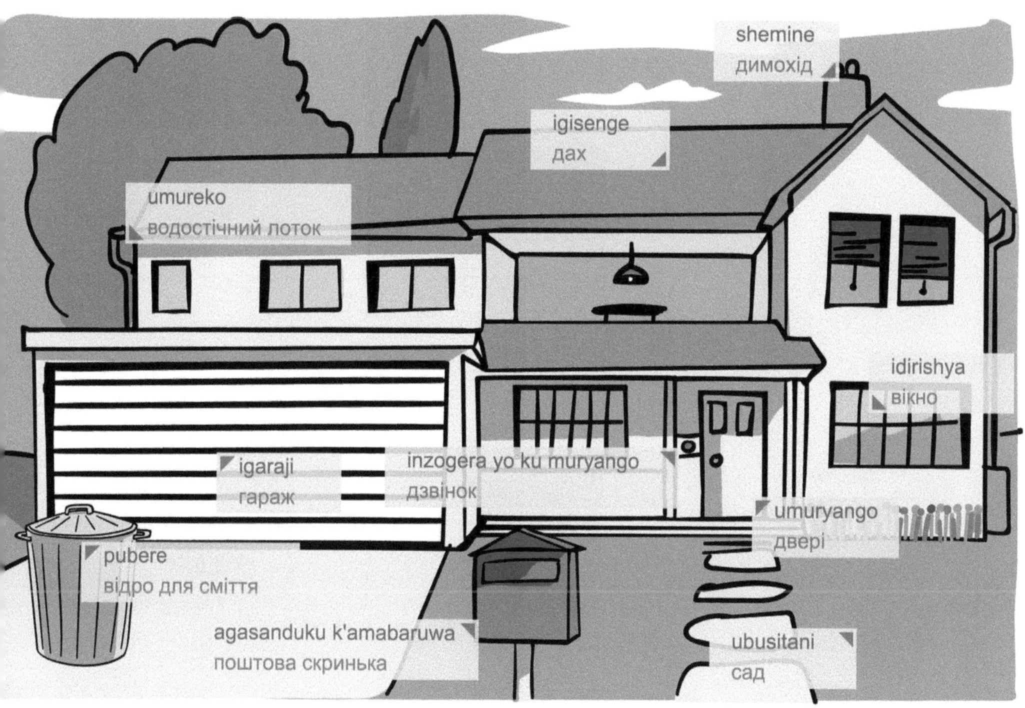

icyumba cy'uruganiriro

вітальня

ubwogero

ванна кімната

igikoni

кухня

icyumba cyo kuraramo

спальня

icyumba cy'abana

дитяча кімната

uburiro

їдальня

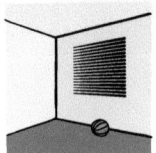

hasi

підлога

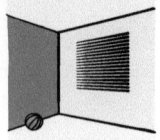

urukuta

стіна

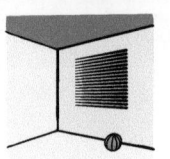

purafo

стеля

kave

підвал

sawuna

сауна

urubaraza

балкон

ku rubaraza

тераса

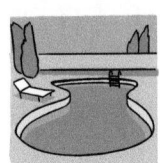

pisine

басейн

imashini ikupakupa

косарка

umwenda utwikira

простирало

kuvureri

ковдра

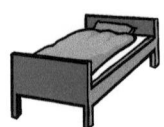

igitanda

ліжко

umweyo

мітла

indobo

відро

enteributeri

перемикач

icyumba cy'uruganiriro

вітальня

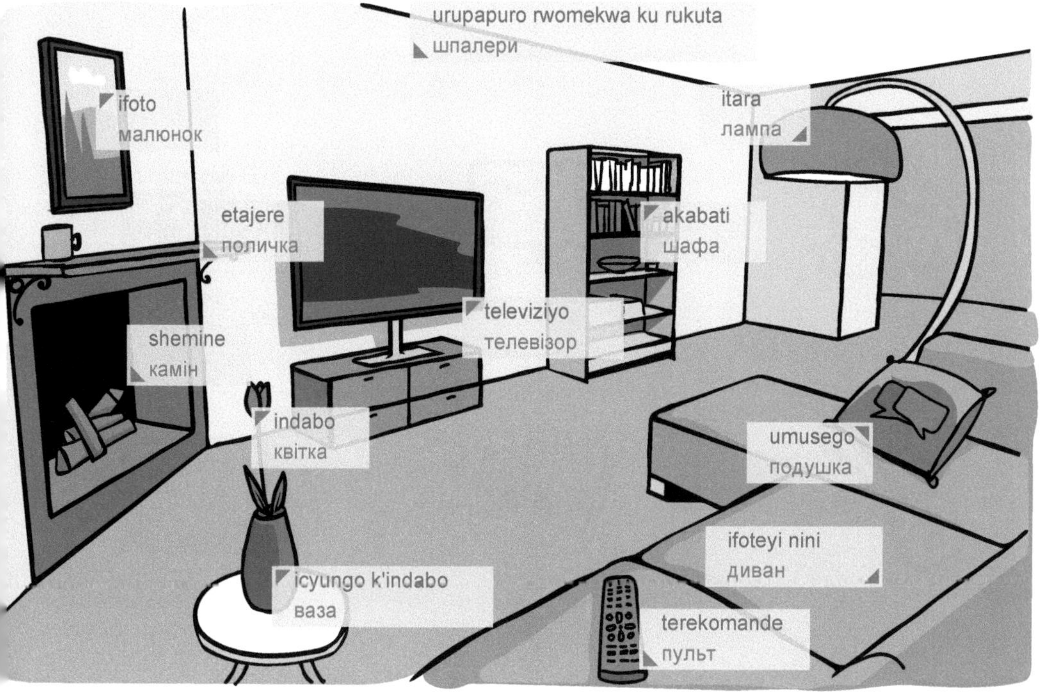

urupapuro rwomekwa ku rukuta
шпалери
ifoto
малюнок
itara
лампа
etajere
поличка
akabati
шафа
televiziyo
телевізор
shemine
камін
indabo
квітка
umusego
подушка
ifoteyi nini
диван
icyungo k'indabo
ваза
terekomande
пульт

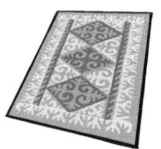

itapi

кипим

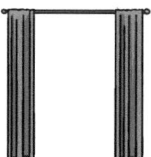

rido

завіса

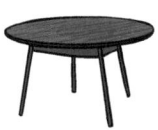

ameza

стіл

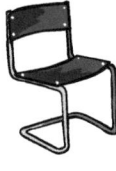

intebe

стілець

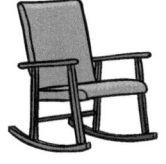

intebe yizengurutsa

крісло-гойдалка

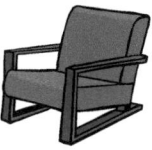

ifoteyi

крісло

igitabo

книга

uburingiti

ковдра

umutako

прикраса

inkwi

дрова

filimi

фільм

ibikoresho bya hifi

стереосистема

urufunguzo

ключ

ikinyamakuru

газета

ishusho

картина

icyapa

плакат

iradiyo

радіо

ikarine

блокнот

**umweyo wa kizungu
ukoresha umwka**

пилосос

ikimungu

кактус

buji

свічка

igikoni
кухня

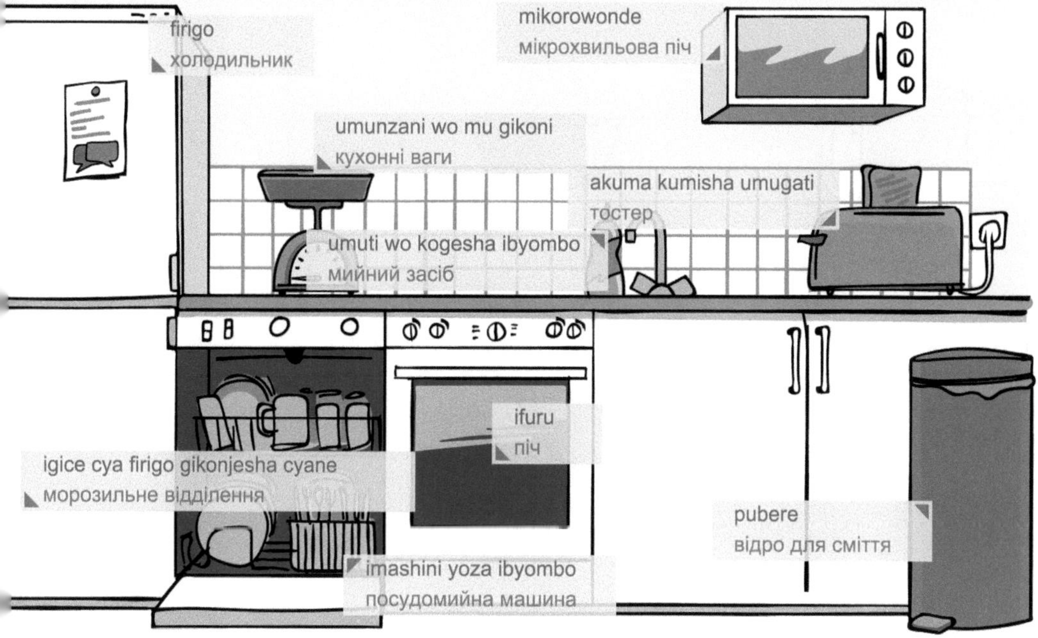

firigo
холодильник
mikorowonde
мікрохвильова піч
umunzani wo mu gikoni
кухонні ваги
akuma kumisha umugati
тостер
umuti wo kogesha ibyombo
мийний засіб
ifuru
піч
igice cya firigo gikonjesha cyane
морозильне відділення
pubere
відро для сміття
imashini yoza ibyombo
посудомийна машина

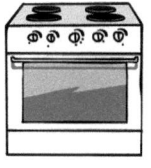

iziko
....
плита

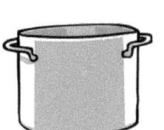

icyungo
....
горщик

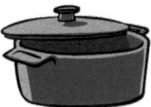

inkono y'icyuma
....
чавунний горщик

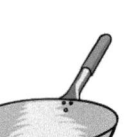

ipanu ifukuye cyane
....
вок / кадай

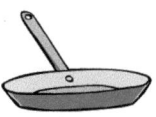

ipanu
....
сковорода

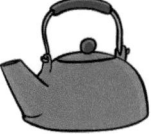

ibirika
....
чайник

isafuriya ya peresiyo

пароварка

isahani yo mu ifuru

лист

ibyombo

посуд

igikombe

кухоль

isorori

чаша

uduti abashinwa barisha

палички для їжі

ikiyiko kigabura

черпак

Ikiyiko cyarura ifiriti

лопатка

umutozo

вінчик для збивання

paswari

сито

akayunguruzo

сито

agaharuzo ka karoti

терка

isekuru

ступка

icyokezo

барбекю

shomine

багаття

akabaho ko gukatiraho imboga

дошка

umwuko

качалка

urufunguzo rwa divayi

штопор

agakopo

конзерва

urufunguzo rw'amakopo

відкривачка

umukondo w'icyungo

прихватки

ravabo

раковина

uburoso

щітка

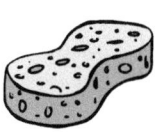

iponji

губка

mixer

міксер

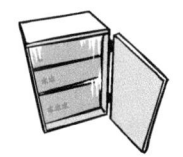

firigo itambitse

морозильна камера

bibero

дитяча пляшка

robine

кран

igikoni - кухня

ubwogero
ванна кімната

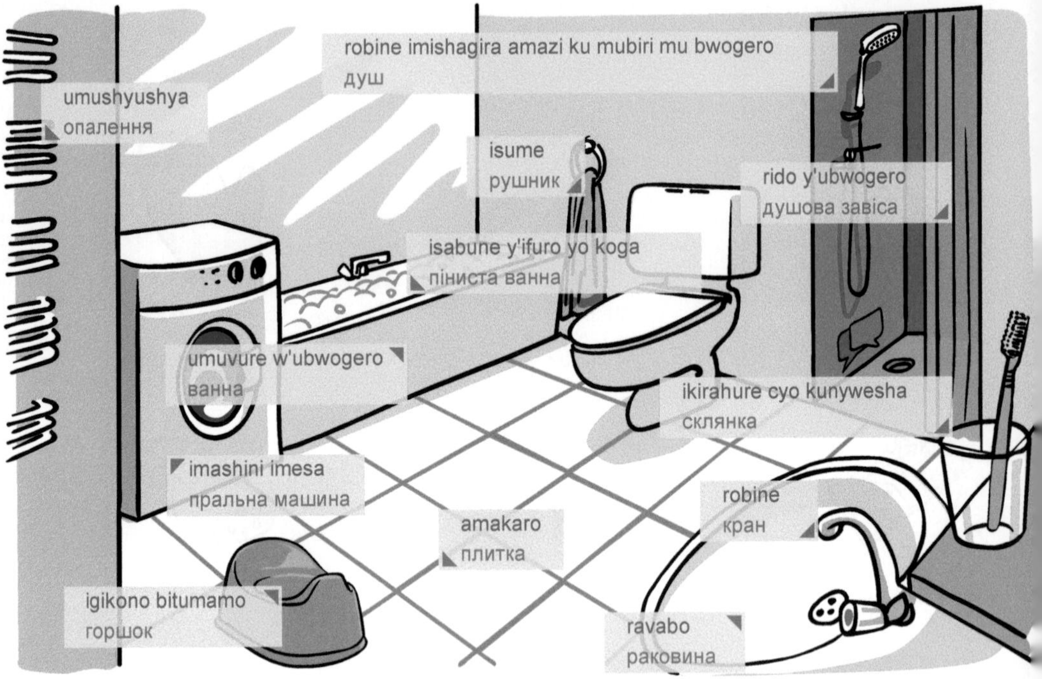

robine imishagira amazi ku mubiri mu bwogero
душ
umushyushya
опалення
isume
рушник
rido y'ubwogero
душова завіса
isabune y'ifuro yo koga
пініста ванна
umuvure w'ubwogero
ванна
ikirahure cyo kunywesha
склянка
imashini imesa
пральна машина
robine
кран
amakaro
плитка
igikono bitumamo
горшок
ravabo
раковина

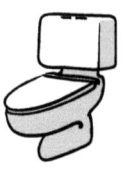

ubwiherero
туалет

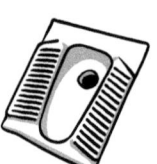

umusarani wo gusutama
підлоговий туалет

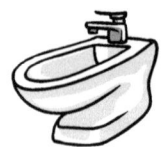

igikono cy'ubwiherero bwo mu nzu
біде

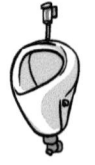

aho bihagarika
пісуар

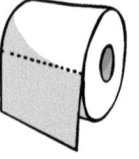

papiyejenike
туалетний папір

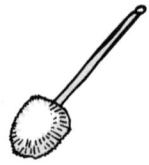

uburoso bwo mu bwiherero
щітка для туалету

uburoso bw'amenyo

зубна щітка

korogati

зубна паста

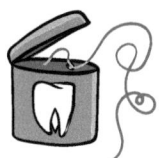

akagozi ko kwihaganyuza
amenyo

нитка для чищення зубів

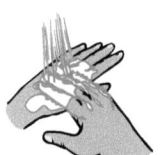

gukaraba

мити

akamishagira amazi ku
mubiri bafata mu ntoki

ручний душ

ubwogero bw'amazi yisuka

інтимний душ

lavabo bakarabiramo intoki

таз

uburoso bwo kwitsiritisha
mu mugongo

щітка для спини

isabune

мило

isabune yo mu bwogero

гель для душу

isabune yo kumeshesha
umusatsi

шампунь

icyangwe cyo kwiyuhagiza

мочалка

kuyobora amazi yanduye

водостік

ikimuri

крем

umubavu

дезодорант

ikirori cyo mu ntoki

дзеркало

ikirori cyo mu ntoki

косметичне дзеркало

urwembe

бритва

ifuro ryo kurinda imiburu

піна для гоління

umuti ukingira imiburu

лосьйон після гоління

igisokozo

гребінь

uburoso

щітка

imashini yumisha umusatsi

фен

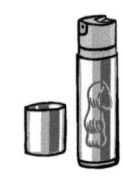

amarashi y'umusatsi

лак для волосся

igishahuro cyo kwitera

косметика

rujalevure

губна помада

verini y'inzara

лак для нігтів

ipamba

вата

agasena inzara

ножиці для нігтів

umubavu

парфум

agafuka k'ibikoresho byo
mu bwogero

косметичка

intebe

табурет

umunzani

ваги

ikanzu yo kujyana mu
bwogero

халат

udupfukantoki two
gusukuza

гумові рукавички

urubindo

тампон

udupapuro two
kwihanaguza mu bwiherero

гігієнічні прокладки

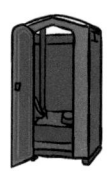

ubwiherero bwimukanwa

біотуалет

icyumba cy'abana

дитяча кімната

inzogera y'isaha ikangura
будильник
igipupe gikoze mu myenda
м'яка іграшка
udukinisho tw'imodoka
іграшковий автомобіль
ikinyuguri
брязкальце
inzu y'ibipupe
ляльковий будиночок
impano
подарунок

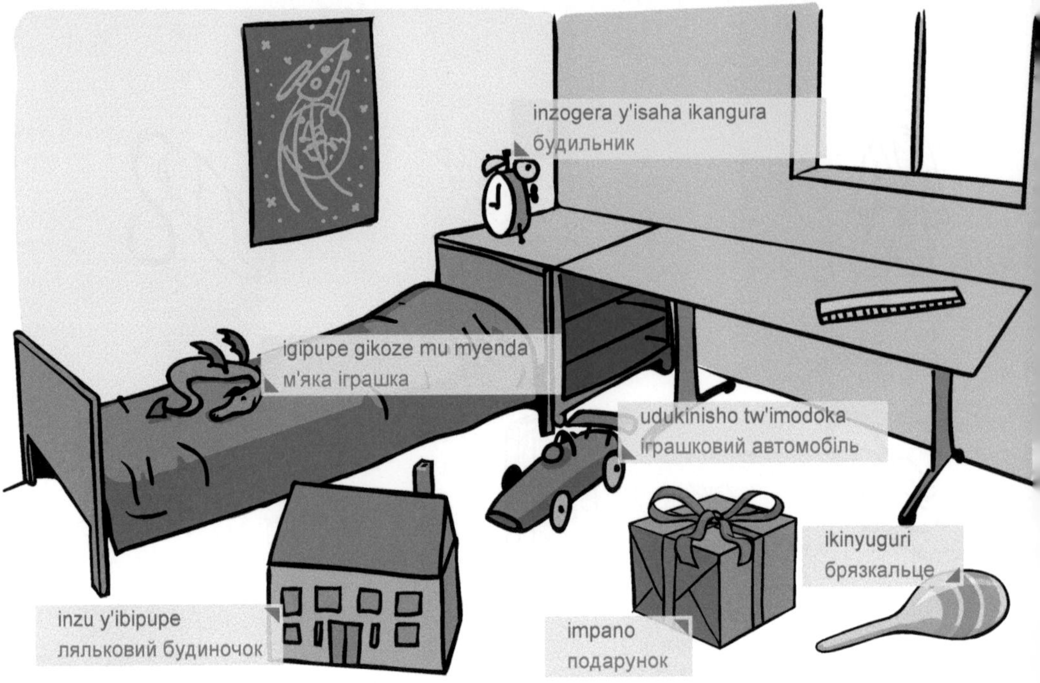

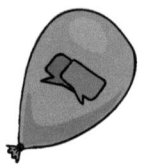

ballon

повітряна кулька

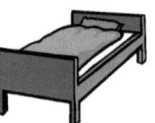

igitanda

ліжко

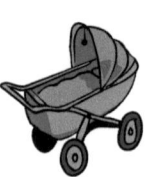

agapusipusi

дитячий візок

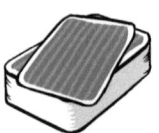

amakarita

картярська гра

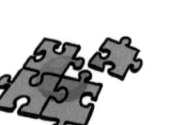

kubaka ishusho bacagaguye

пазл

SUPER MEGA

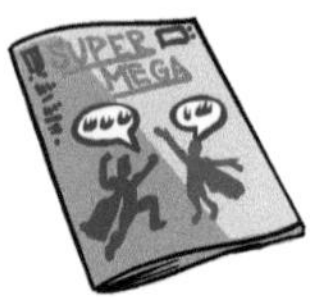

inkuru isetsa

комікс

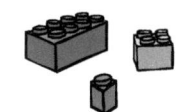

gucomekanya udutafari

лего цеглинки

udutafari tw'udukinisho

блоки

igikinisho

іграшкова фігурка

ipinjama y'uruhinja

повзунки

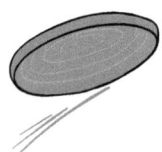

gutera indege

фризбі

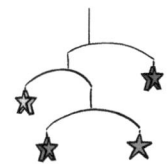

terefoni ngendanwa

мобіле

imikino yo kuganiriraho

настільна гра

igisoro

кубик

gariyamoshi y'igikinisho

модель залізнична станція

ikinyonyo

соска

umunsi mukuru

вечірка

arubumu

книжка з картинками

umupira

м'яч

agapupe

лялька

gukina

грати

igikarito cy'umucanga

пісочниця

urwicundo

гойдалка

ibikinisho

іграшка

agasanduku k'imikino yo
kuri videwo

гральна консоль

akagare k'imipine itatu

триколісний велосипед

igipupe k'ibyoya

плюшевий мішка

akabati k'imyenda

шафа

imyambaro

одяг

amasogisi

шкарпетки

amasogisi afatanye n'ikariso

панчохи

kora

колготки

akitero
шарф

umutaka
парасоля

agapira ko hejuru
футболка

umukandara
ремінь

bote
чоботи

inkweto zo kubyukana
домашнє взуття

superese
кросівки

isandari
сандалі

inkweto
взуття

bote za kawucu
гумові чоботи

imyenda y'imbere
труси

isutiye
бюстгальтер

isengeri
нижня сорочка

imyambaro - одяг

45

body

боді

ipantalo

штани

ikoboyi

джинси

ijipo

спідниця

ishati y'abagore

блузка

ishati

сорочка

umupira w'imbeho

пуловер

umupira w'ingofero

светр

agakoti

піджак

ijaketi

куртка

ikoti

пальто

ikoti ry'imvura

дощовик

umwambaro w'ibikino

костюм

ikanzu

сукня

ikanzu y'abageni

весільна сукня

kostitimu

костюм

ikanzu yo kurarana

нічна сорочка

ipinjama

піжама

umukenyero w'abahindikazi

capi

igitambaro cyo mu mutwe

головна хустка

urugori

чалма

umwitandiro uhisha isura

бурка

ikanzu ndende

кафтан

igishura

абая

imyenda yo
kwidumbaguzanya

купальник

ikariso yo
kwidumbaguzanya

плавки

ikabutura

шорти

tereningi

тренувальний костюм

itaburiya

фартух

udupfukantoki

рукавички

igipesu

гудзик

amadarubindi

окуляри

igikomo

браслет

umukufi

ланцюг

impeta

кільце

iherena

сережка

ingofero

шапка

porutemanto

плічка

ingofero

капелюх

karuvati

краватка

imashini yo ku mwenda

застібка-блискавка

kasike

шолом

amaburuteri

підтяжки

umwambaro w'ishuri

шкільна форма

impuzankano

уніформа

agakingirankonda

нагрудник

ikinyonyo

соска

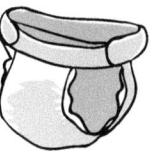

amaranje

підгузок

ibiro

офіс

akabati k'impapuro
шаф для документів

empirimante
принтер

urupapuro
папір

seriveri
сервер

ekara
монітор

ameza yo kwandikiraho
письмовий стіл

suri
миша

karaseri
папка

karaviye
синтезатор

pubere
кошик для паперу

mudasobwa
комп'ютер

intebe
стілець

igikombe k'ikawa

кавовий кухоль

akabarisho

калькулятор

enterineti

інтернет

laputopu

ноутбук

ibaruwa

лист

ubutumwa

повідомлення

ngendanwa

мобільний телефон

netiwake

мережа

fotokopiyeze

копіювальний пристрій

porogaramu

програмне забезпечення

telefoni

телефон

purize

розетка

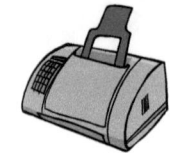

imashini yohereza fagisi

факс

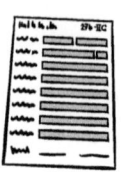

fomu

бланк

inyandiko

документ

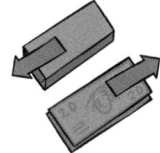

kugura

купувати

kwishyura

платити

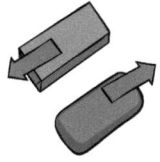

gucuruza

торгувати

amafaranga

гроші

idorari

долар

iyero

євро

iyeni

ієна

irubure

рубль

ifaranga ry'irisuwisi

франк

iriyuwani

юанів женьміньбі

irupi

рупія

icyuma cya banki
babikurizaho

банкомат

ku muvunjayi

обмінний пункт

zahabu

золото

feza

срібло

peteroli

нафта

ingufu z'amashanyarazi

енергія

igiciro

ціна

kontaro

контракт

tagisi

податок

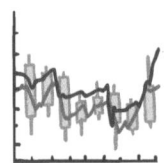

isoko ryo kugura no kugurisha

акція

gukora

працювати

umukozi

працівник

umukoresha

роботодавець

uruganda

фабрика

iduka

магазин

imirimo
професії

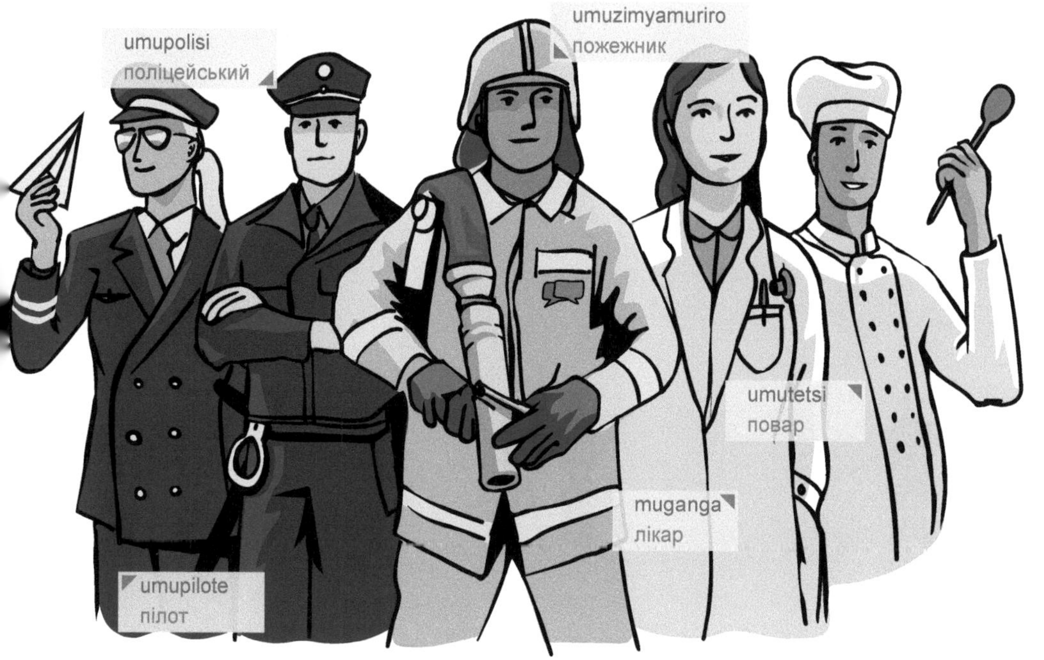

umupolisi
поліцейський
umuzimyamuriro
пожежник
umutetsi
повар
muganga
лікар
umupilote
пілот

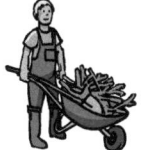

umujaridiniye

садівник

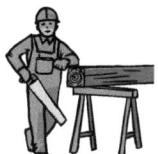

umubaji

столяр

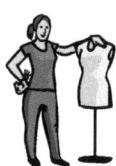

umudozi

швачка

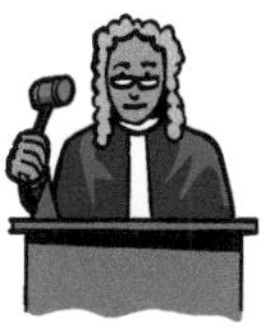

umucamanza

суддя

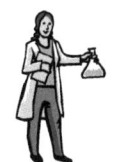

umunyabutabire

хімік

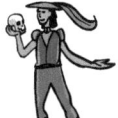

umukinnyi wa filimi

актор

umushoferi wa bisi

водій автобуса

umushoferi wa tagisi

таксист

umurobyi

рибалка

umugore ushinzwe gukora isuku

прибиральниця

umufundi usakara

покрівельник

umuseriveri

офіціант

umuhigi

мисливець

umuntu usiga irangi

художник

Umuntu ukora imigati

пекар

Umuntu ukora mu mashanyarazi

електрик

umufundi

будівельник

injenyeri

інженер

umubazi

забійник

umutnu ukora mu mazi

бляхар

umuparanto

листоноша

umusirikare

солдат

umwubatsi

архітектор

umubitsi

касир

umuntu ukora mu by'indabo

флорист

kimyozi

перукар

komvuwayeri

кондуктор

umukanishi

механік

kapiteni

капітан

muganga w'amenyo

дантист

umuhanga muri siyansi

вчений

rabi

рабин

imamu

імам

umumwane

монах

umuyobozi w'idini

пастор

ibikoresho

інструменти

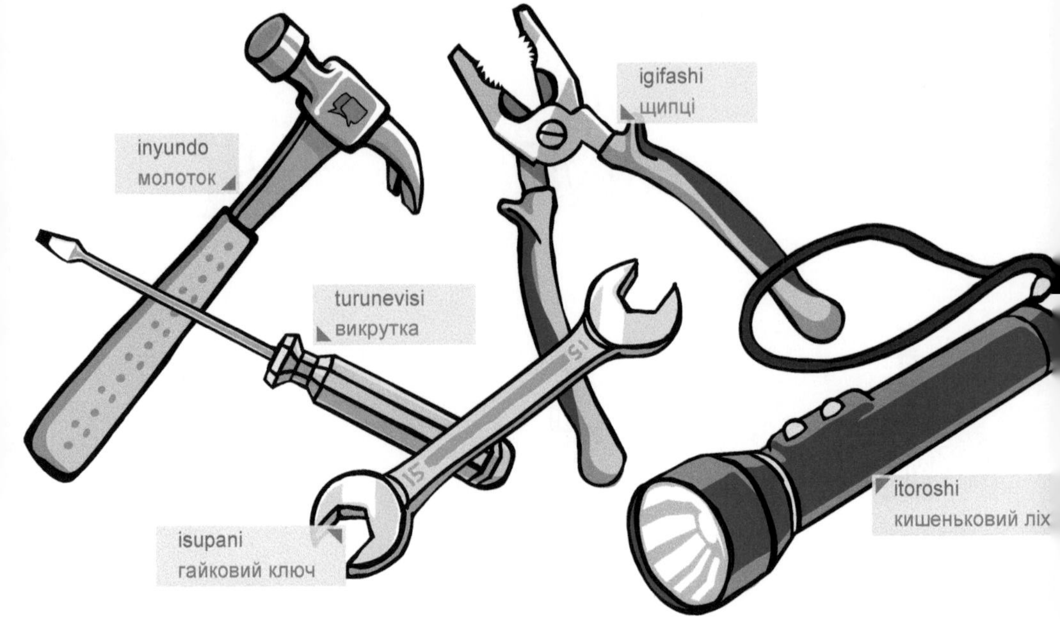

inyundo
молоток
igifashi
щипці
turunevisi
викрутка
isupani
гайковий ключ
itoroshi
кишеньковий ліх

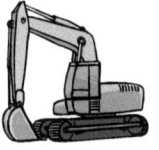

ipiki

екскаватор

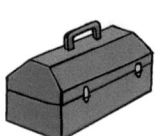

isanduku y'ibikoresho

ящик для інструментів

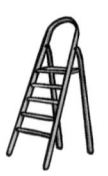

urwego

драбина

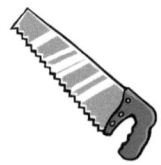

urukero

пилка

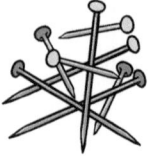

imisumari

цвяхи

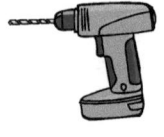

itindo

свердло

gusana

ремонтувати

igitiyo

лопата

wo gacwa we

лайно!

igitiyo

совок

igikombe k'irangi

відро з фарбою

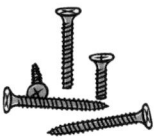

amavisi

гвинти

ibyuma by'umuziki
музичні інструменти

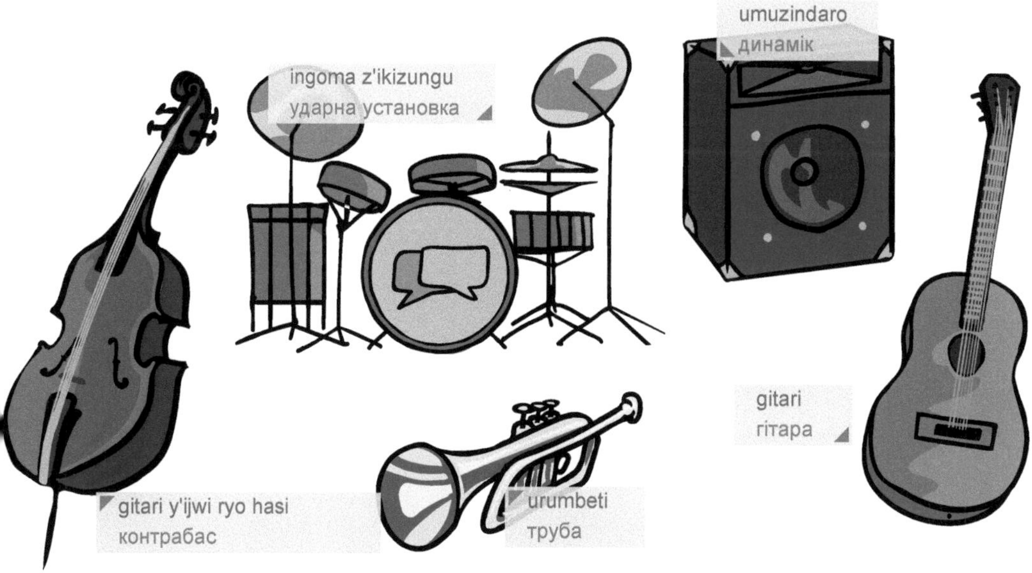

ingoma z'ikizungu
ударна установка

umuzindaro
динамік

gitari
гітара

gitari y'ijwi ryo hasi
контрабас

urumbeti
труба

piyano

фортепіано

iningiri

скрипка

gitari idunda

бас

sembare

литаври

ingoma

барабан

inanga ya kizungu

клавіатура

sagisofone

саксофон

umwirongi

флейта

indangururamajwi

мікрофон

zoo

зоопарк

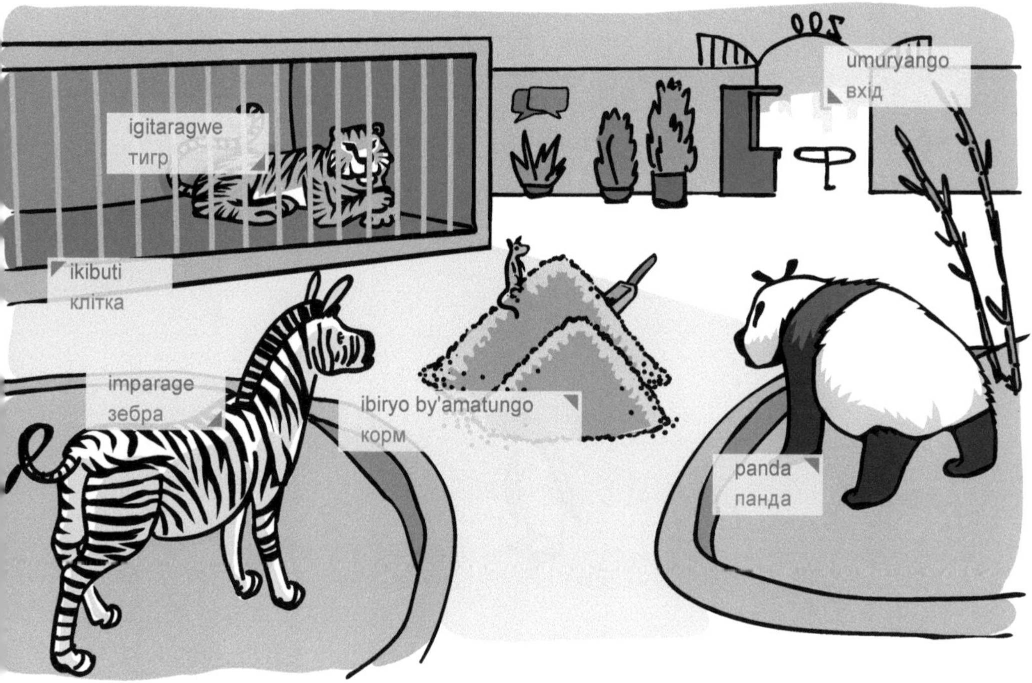
umuryango
вхід
igitaragwe
тигр
ikibuti
клітка
imparage
зебра
ibiryo by'amatungo
корм
panda
панда

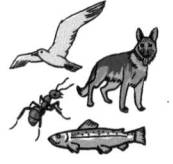

inyamaswa

тварини

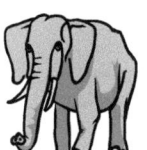

inzovu

слон

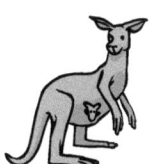

kanguru

кенгуру

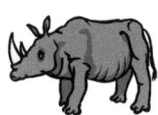

inkura

носоріг

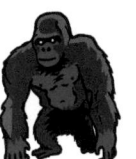

ingagi

горила

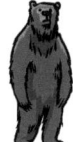

idubu

ведмідь

ingamiya

верблюд

imbuni

страус

intare

лев

inguge

мавпа

uruyongoyongo

фламінго

gasuku

папуга

idubu yo mu bukonie

білий ведмідь

inyoni yo ku mazi

пінгвін

igifi kinini

акула

inyoni y'amasunzu

павич

inzoka

змія

ingona

крокодил

umurinzi

працівник зоопарку

umuhuri

тюлень

ingwe

ягуар

icyana k'ifarasi

поні

ingwe

леопард

imvubu

гіпопотам

umusumbarembo

жираф

inkona

орел

isatura

кабан

ifi

риба

akanyamasyo

черепаха

igifi k'imikaka

морж

umuhari

лисиця

isha

газель

zoo - зоопарк

Futuboro y'abanyamerika
американський футбол

gusiganwa ku magare
їзда на велосипеді

tenisi
теніс

Basiketi
баскетбол

umukino wo koga
плавання

Hoke yo ku rubura
хокей

umukino w'amakofe
бокс

umupira w'amaguru
футбол

umukino wa badminton
бадмінтон

abakina imikino
ngororamubiri
легка атлетика

handibolo
гандбол

guserereka kuri neje
лижні перегони

polo
поло

ibikorwa
дії

gusimbuka
стрибати
guhobera
обіймати
guseka
сміятися
kugenda
йти
kuririmba
співати
kurota
мріяти
gusenga
молитися
gusomana
цілувати

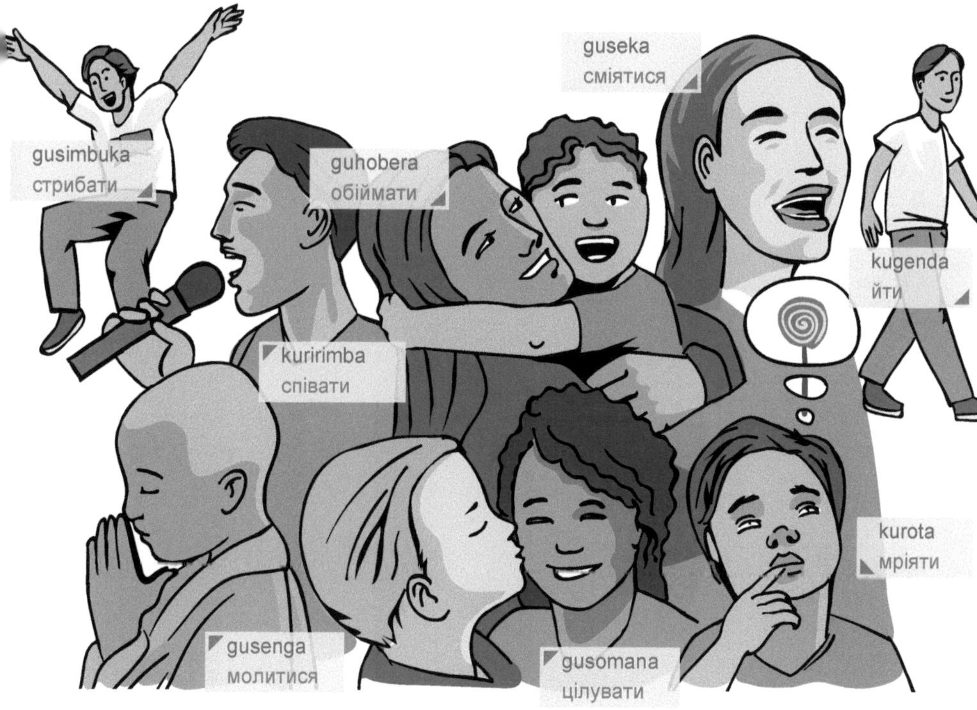

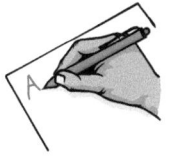

kwandika
писати

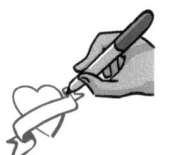

gushushanya
малювати

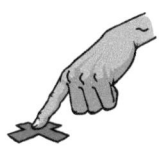

kwerekana
показувати

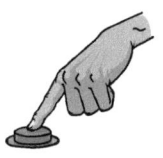

gusunika
тиснути

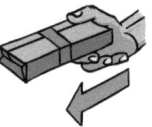

gutanga
давати

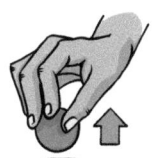

gufata
брати

kugira

мати

gukora

робити

kuba

бути

guhaguruka

стояти

kwiruka

бігати

gukurura

тягнути

kujugunya

кидати

kugwa

падати

kuryama

лежати

gutegereza

очікувати

kwikorera

носити

kwicara

сидіти

kwambara

одягати

gusinzira

спати

gukanguka

просипатися

kureba

дивитися

kurira

плакати

kwagaza

гладити

gusokoza

розчісувати

kuvuga

розмовляти

gusobanukirwa

розуміти

kubaza

питати

kumva

слухати

kunywa

пити

kurya

їсти

gushyira ku murongo

прибирати

gukunda

любити

guteka

варити

gutwara imodoka

їхати

kuguruka

літати

kugashya

йти під вітрилом

kubara

рахувати

gusoma

читати

kwiga

вчитися

gukora

працювати

kurongora

одружуватися

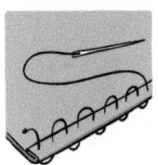

kudoda

шити

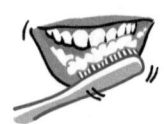

uburoso bw'amenyo

чистити зуби

kwica

убивати

kunywa itabi

курити

kohereza

посилати

umuryango
сім'я

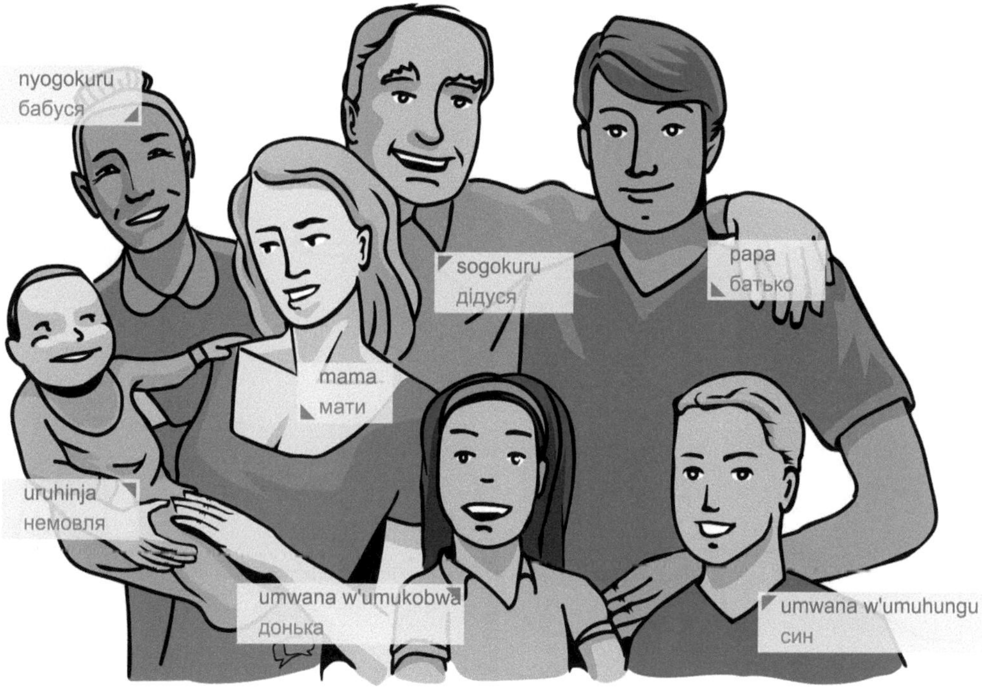
nyogokuru
бабуся
sogokuru
дідуся
papa
батько
mama
мати
uruhinja
немовля
umwana w'umukobwa
донька
umwana w'umuhungu
син

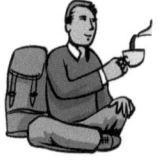

umushyitsi
гість

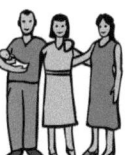

masenge
тітка

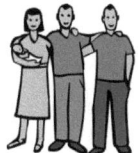

marume
дядько

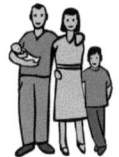

musaza wange
брат

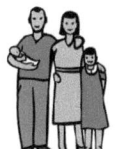

mushiki wange
сестра

umubiri

тіло

agahanga k'imbere
чоло
ijisho
око
urutugu
плече
urutoki
палець
isura
обличчя
akananwa
підборіддя
ikiganza
кисть
ukuguru
нога
ibere
груди
ukuboko
рука

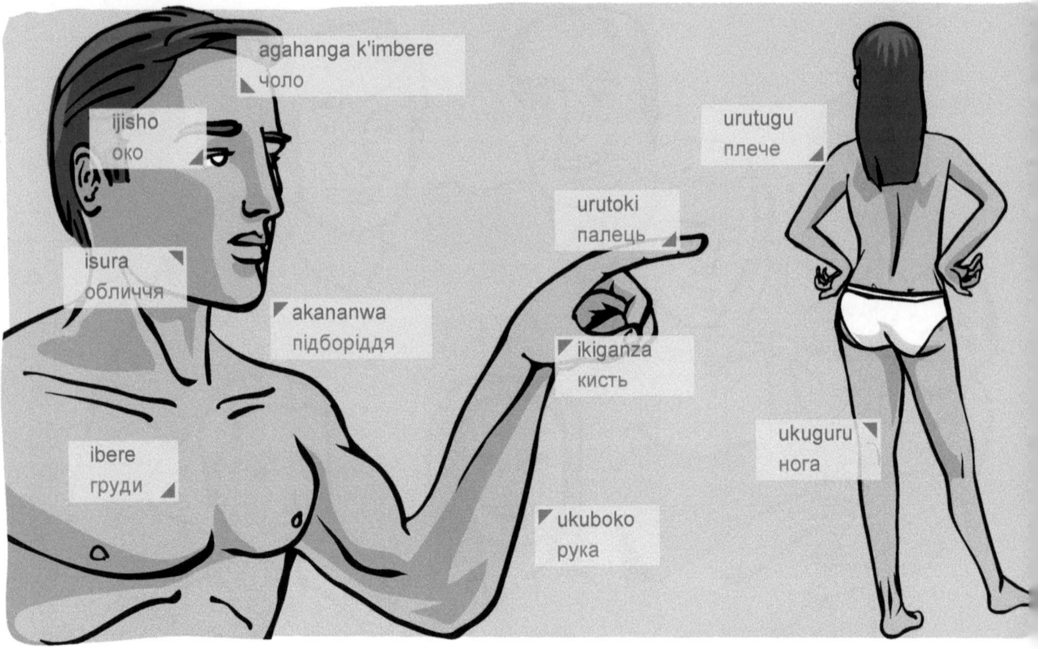

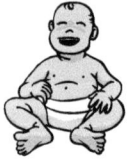

uruhinja
немовля

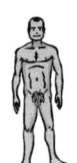

umugabo
чоловік

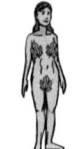

umugore
жінка

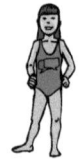

umukobwa
дівчина

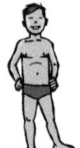

umuhungu
хлопчик

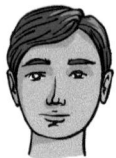

umutwe
голова

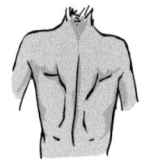

umugongo

спина

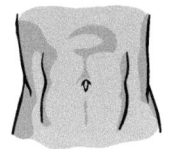

inda

живіт

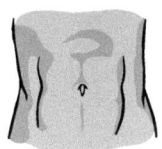

umukondo

пуп

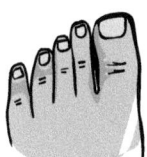

ino

палець ноги

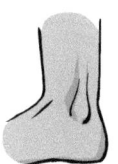

agatsinsino

п'ята

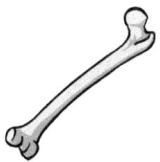

igufa

кістка

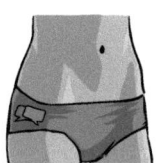

amayunguyungu

стегно

ivi

коліно

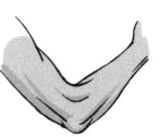

inkokora

лікоть

izuru

ніс

ikibuno

сідниці

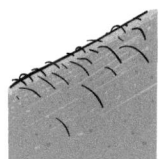

uruhu

шкіра

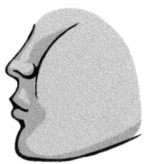

itama

щока

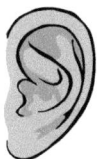

ugutwi

вухо

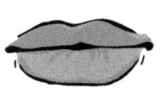

umunwa

губа

mu munwa

рот

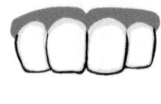

iryinyo

зуб

ururimi

язик

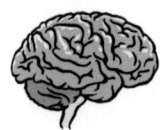

ubwonko

мозок

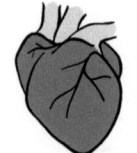

umutima

серце

umutsi

м'яз

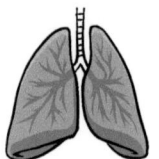

ibihaha

легені

umwijima

печінка

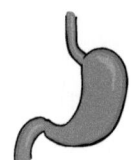

igifu

шлунок

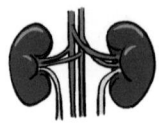

impyiko

нирки

igitsina

статевий акт

agakingirizo

презерватив

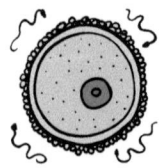

intanga

яйцеклітина

amasohoro

сперма

gusama inda

вагітність

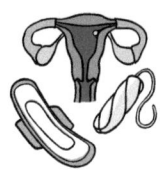

imihango

менструація

igituba

вагіна

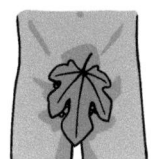

imboro

пеніс

ibitsike

брова

umusatsi

волосся

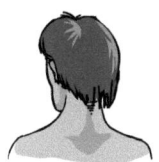

ijosi

шия

ibitaro

лікарня

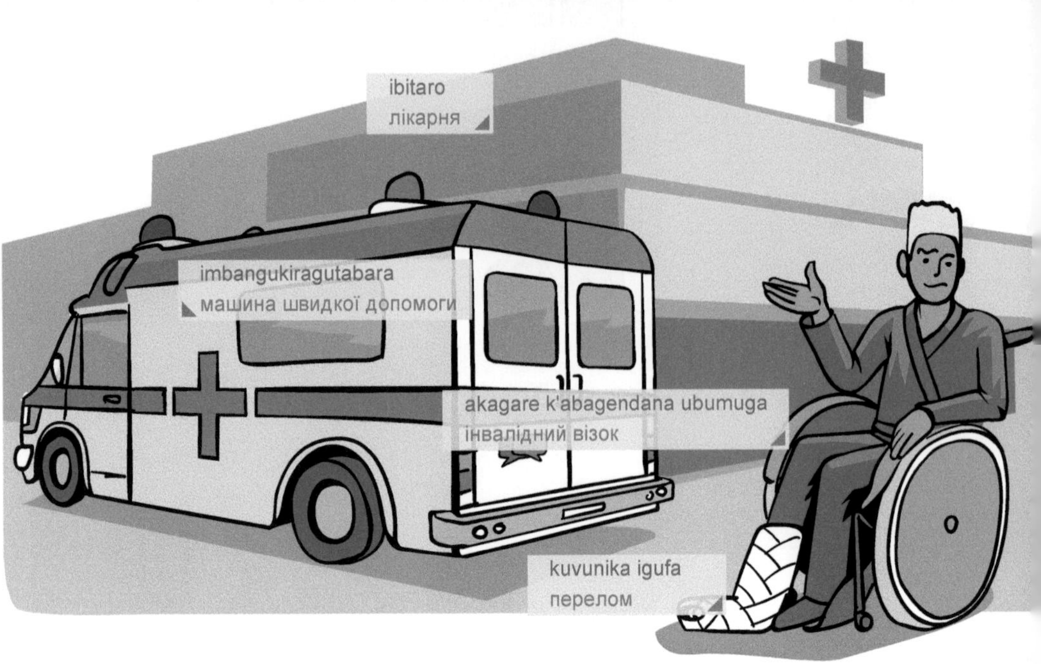

ibitaro
лікарня
imbangukiragutabara
машина швидкої допомоги
akagare k'abagendana ubumuga
інвалідний візок
kuvunika igufa
перелом

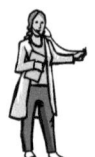

muganga

лікар

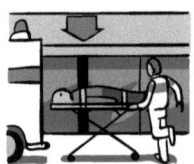

icyumba k'indembe

відділення швидкої медичної допомоги

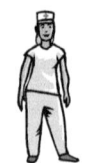

umuforomo kazi

медсестра

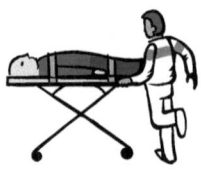

mu ndembe

аварійний випадок

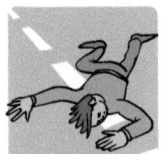

guta ubwenge

непритомний

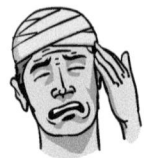

ububabare

біль

igikomere

травма

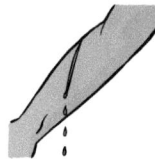

kuva amaraso

кровотеча

gufatwa n'umutima

інфаркт

kuziba k'udutsi two mu bwonko

інсульт

kwivumbura k'umubiri

алергія

inkorora

кашель

umuriro

лихоманка

ibicurane

грип

impiswi

пронос

kurwara umutwe

головна біль

kanseri

рак

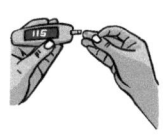

diyabete

діабет

muganga ubaga

хірург

icyuma kibaga umurwayi

скальпель

kubagwa

операція

ifoto yo mu cyuma

КТ

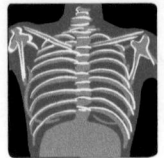

radiyo

рентген

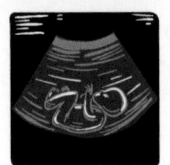

isuzuma rikoresha amajwi

ультразвук

agapfukamunwa

маска

indwara

хвороба

icyumba bategererezamo

зал очікування

imbago yo kwicumba

милиця

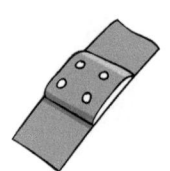

pasema

пластир

igipfuko

пов'язка

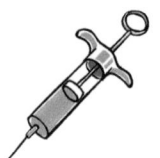

urushinge

ін'єкція

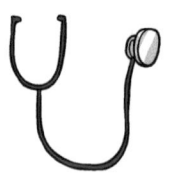

igipimo cy'umutima

стетоскоп

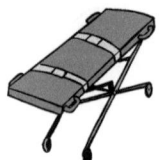

burankari

ноші

igipimo cy'umuriro

термометр

ivuka

народження

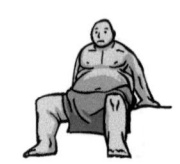

umubyibuho ukabije

надмірна вага

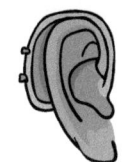

inyunganirangingo y'amatwi

слуховий апарат

umuti wica mikorobe

дезінфікуючий засіб

ubwandu

інфекція

virusi

вірус

Virusi itera sida / Sida

ВІЛ / СНІД

ubuganga

медицина

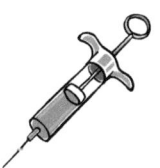

gukingira

вакцинація

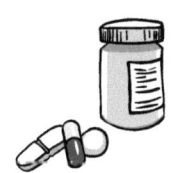

ibinini

таблетки

ikinini

протизаплідна пігулка

guhamagara byihutirwa

екстрений виклик

igenzura ry'umuvuduko
w'amaraso

тонометр

urwaye / ufite amagara
meza

хворий / здоровий

Ntabara!

Допоможіть!

gusagarira

напад

inzogera itabaza

сигнал тривоги

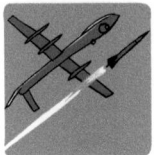

igitero

атака

icyateza amakuba

небезпека

umuryango unyuramo ukiza amagara

аварійний вихід

Inkongi!

Вогонь!

ikizimyamuriro

вогнегасник

impanuka

аварія

ibikoresho by'ubutabazi bw'ibanze

аптечка

induru itabaza

СОС

polisi

поліція

Uburayi

Європа

Amerika y'Amajyaruguru

Північна Америка

Amerika y'Amagepfo

Південна Америка

Afurika

Африка

Aziya

Азія

Ositarariya

Австралія

Atalantika

Атлантика

Oasifika

Тихий океан

Inyanja y'Abahinde

Індійський океан

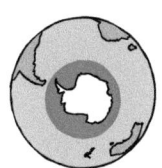

Inyanja y'Antagitika

Антарктичний океан

Inyanja y'Arigitika

Північний Льодовитий океан

Amajyaruguru y'Isi

Північний полюс

Amagepfo y'Isi

Південний полюс

Antaragitika

Антарктика

Isi

Земля

ubutaka

суша

ikiyaga

море

ikirwa

острів

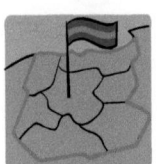

igihugu

нація

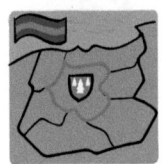

Ieta

держава

kadere y'isaha

циферблат

urushinge rw'amasaha

годинникова стрілка

urushinge rw'iminota

хвилинна стрілка

urushinge rw'amasegonda

секундна стрілка

ni isaha ki?

Котра година?

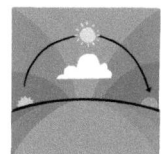

umunsi

день

igihe

час

nonaha

зараз

isaha y'imibare

цифровий годинник

iminota

хвилина

amasaha

година

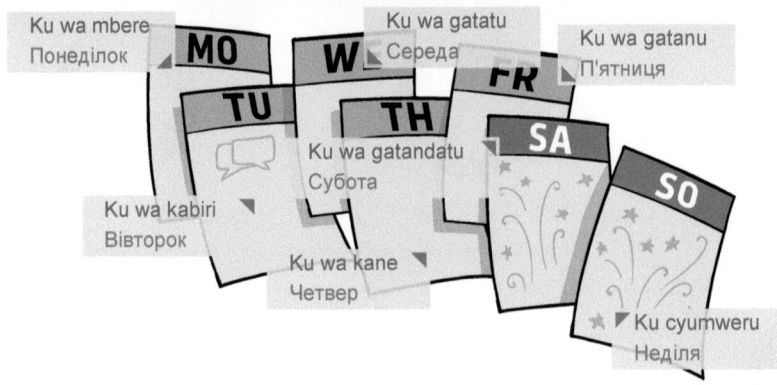

Ku wa mbere
Понеділок

Ku wa gatatu
Середа

Ku wa gatanu
П'ятниця

Ku wa kabiri
Вівторок

Ku wa gatandatu
Субота

Ku wa kane
Четвер

Ku cyumweru
Неділя

ejo hashize

вчора

сьогодні

ejo hazaza

завтра

igitondo

ранок

saa sita

опівдні

ku mugoroba

вечір

iminsi y'akazi

робочі дні

wikendi

кінець робочого тижня

umwaka
рік

imvura
дощ
umukororombya
веселка
neje
сніг
umuyaga
вітер
urugaryi
весна
umuhindo
осінь
iki
літо
igihe cy'ubukonje
зима

4.APRIL 11°
5.APRIL 4°
6.APRIL 13°
7.APRIL 8°
8.APRIL 10°

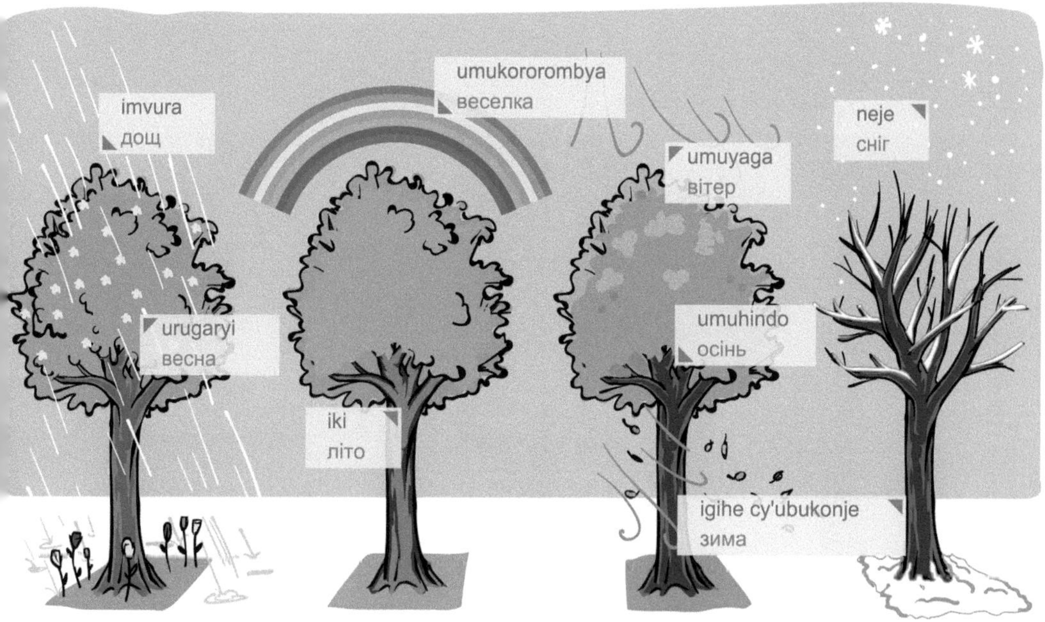

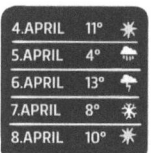

iteganyagihe

прогноз погоди

F C
120 40
90 30
60 20
30 10
0 0
-30 -10
-20

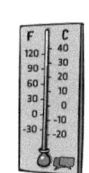

igipimo cy'ubushyuhe

термометр

izuba rirashe

сонячне світло

ibicu

хмара

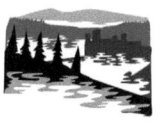

ibihu

туман

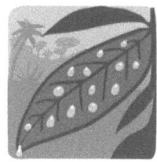

ububobere

вологість повітря

umurabyo

блискавка

inkuba

грім

umuhengeri

шторм

urubura

град

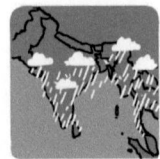

imiyaga ihuha iturutse mu nyanja

мусон

umwuzure

повінь

barafu

лід

Mutarama

Січень

Gshyantare

Лютий

Werurwe

Березень

Mata

Квітень

Gicurasi

Травень

Kamena

Червень

Nyakanga

Липень

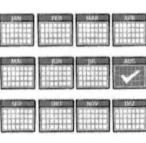

Kanama

Серпень

Nzeri

Вересень

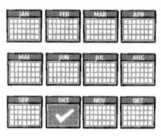

Ukwakira

Жовтень

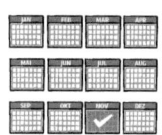

Ugushyingo

Листопад

Ukuboza

Грудень

uruziga

круг

mpandenye

квадрат

urukiramende

прямокутник

mpandeshatu

трикутник

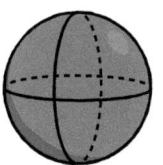

umubumbe

куля

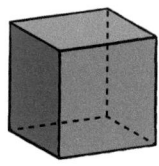

kibe

куб

umweru

білий

umuhondo

жовтий

oranje

помаранчевий

iroza

рожевий

umutuku

червоний

isine

фіолетовий

ubururu

синій

icyatsi kibisi

зелений

igihogo

коричневий

ikigina

сірий

umukara

чорний

byinshi / bike

багато / мало

urakaye / utuje

лютий / мирний

mwiza / mubi

гарний / бридкий

intangiriro / impera

початок / кінець

kinini / gito

великий / малий

gikeye / kijimye

світлий / темний

musaza / mushiki

брат / сестра

gisukuye / cyanduye

чистий / брудний

kirangiye / kitarangiye

завершений /
незавершений

umunsi / ijoro

день / ніч

wapfuye / muzima

мертвий / живий

hagari / hafunganye

широкий / вузький

kiribwa / kitaribwa

їстівний / неїстівний

umugome / ugwa neza

злий / дружній

ushishikaye / warambiwe

збуджений / нудьгуючий

ubyibushye / unanutse

товстий / тонкий

mbere / nyuma

спочатку / востаннє

inshuti / umwanzi

друг / ворог

cyuzuye / kirimo ubsa

повний / порожній

gikomeye / cyoroshye

жорсткий / м'який

kiremeye / kitaremereye

важкий / легкий

inzara / inyota

голод / спрага

urwaye / ufite amagara meza

хворий / здоровий

kemewe n'amategeko / kibujijwe n'amategeko

незаконний / законний

umunyabwenge / igicucu

розумний / дурний

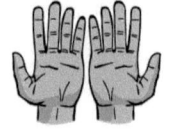

iburyo / ibumoso

вліво / вправо

hafi / kure

поруч / далеко

gishya / cyakoze

новий / використаний

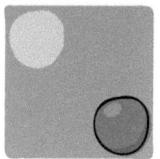

nta kintu gihari / hari ikintu gihari

нічого / щось

ushaje / muto

старий / молодий

atsa / zimya

вкл / викл

gifunguye / gifunze

відкрито / закрито

ucecetse / usakuza

тихо / гучно

ukize / ukennye

багатий / бідний

ni byo / si byo

правильно / неправильно

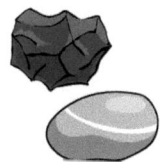

hahanda / hahehereye

шорсткий / гладкий

urakaye / wishimye

сумний / щасливий

mugufi / muremure

короткий / довгий

urandaga / wihuta

повільно / швидко

utose / wumye

вологий / сухий

ashyushye / ahoze

гарячий / холодний

intambara / amahoro

війна / мир

0

zeru

нуль

1

rimwe

один

2

kabiri

два

3

gatatu

три

4

kane

чотири

5

gatanu

п'ять

6

gatandatu

шість

7

karindwi

сім

8

umunani

вісім

9

icyenda

дев'ять

10

icumi

десять

11

cumi na rimwe

одинадцять

12

cumi na kabiri

дванадцять

13

cumi na gatatu

тринадцять

14

cumi na kane

чотирнадцять

15

cumi na gatanu

п'ятнадцять

16

cumi na gatandatu

шістнадцять

17

cumi na karindwi

сімнадцять

18

cumi n'umunani

вісімнадцять

19

cumi n'icyenda

дев'ятнадцять

20

makumyabiri

двадцять

100

ijana

сто

1.000

igihumbi

тисяча

1.000.000

miliyoni

мільйон

мови

Icyongereza

англійська

Icyongereza cy'Abanyamerika

американська англійська

Igishinwa k'ikimandarini

китайська високочиновницька

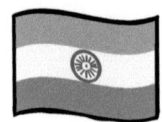

Igihindi

хінді

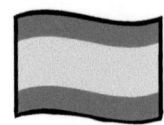

Ikesipanyoro

іспанська

Igifaransa

французька

Icyarabu

арабська

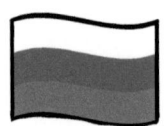

Ikirusiya

російська

Igiporutigari

португальська

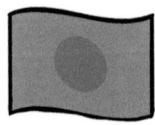

Ikibengari

бенгальська

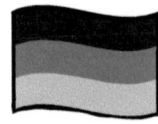

Ikidage

німецька

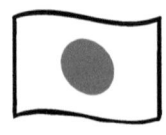

Ikiyapani

японська

ge

я

wowe

ти

we / we / we

він / вона / воно

twe

ми

mwe

ви

bo

вони

nde?

хто?

iki?

що?

gute?

як?

hehe?

де?

ryari?

коли?

izina

ім'я

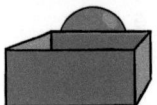

inyuma

ззаду

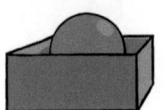

mo imbere

в

imbere ya

перед

hejuru ya

над

kuri

на

munsi ya

під

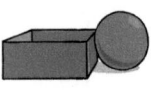

iruhande

біля

hagati

між

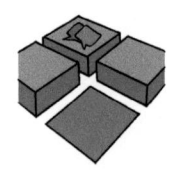

ahantu

місце